MARIO ARANHA

ILUSTRAÇÕES
EDUARDO VETILLO

PATROCÍNIO
José do Patrocínio

1ª edição – Campinas, 2022

"A vida é pouco sem a honra."
(José do Patrocínio)

MOSTARDA EDITORA

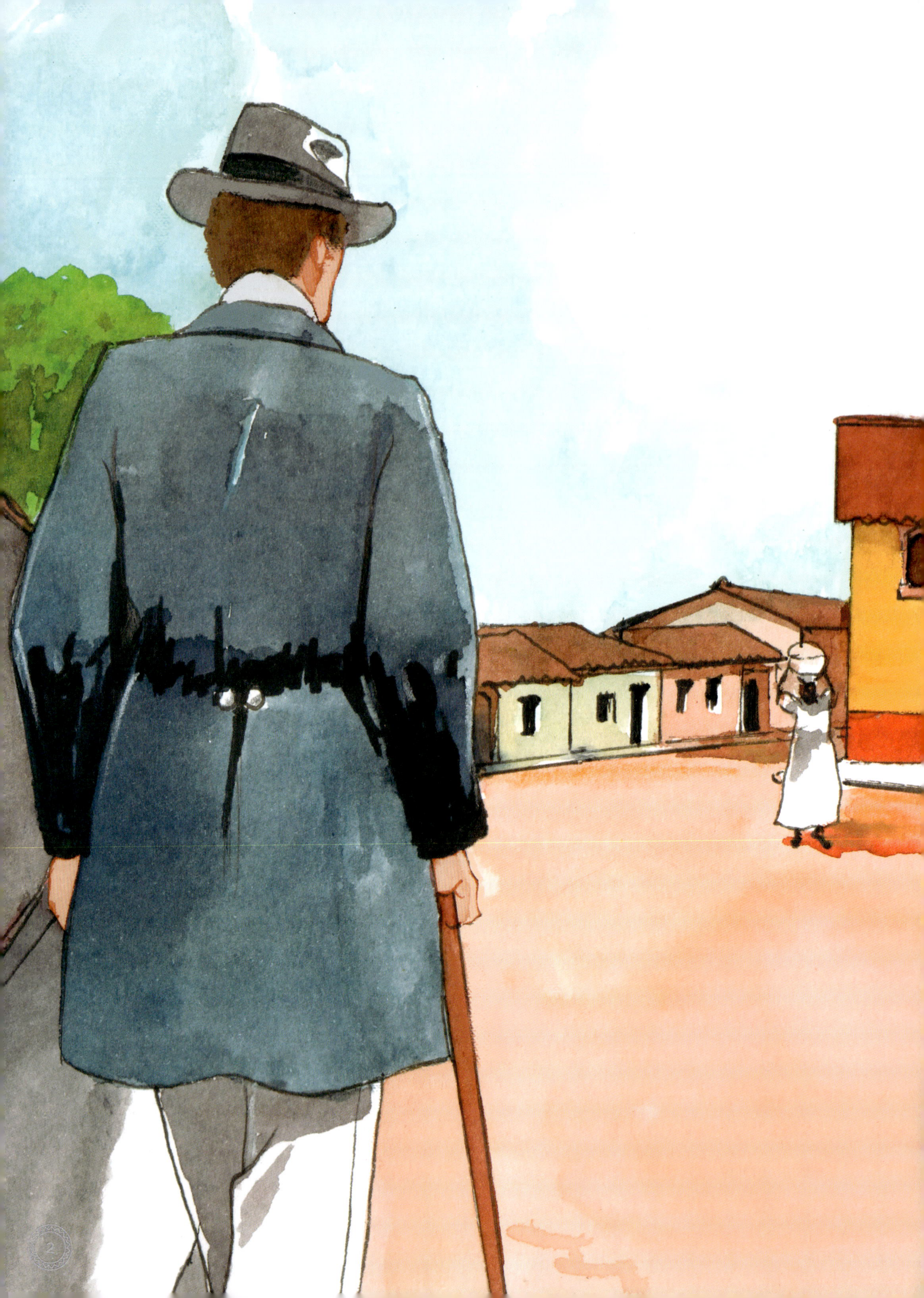

Em 9 de outubro de 1853, nasceu em Campos dos Goytacazes, no Rio de Janeiro, José Carlos do Patrocínio. José era filho da quitandeira escravizada Justina Maria do Espírito Santo e do padre João Carlos Monteiro. Ao que parece, o menino herdou a simplicidade e a alegria da mãe, e do pai a habilidade de encantar a todos com suas palavras. Um pai que nunca o reconheceu.

Patrocínio nasceu como escravizado, mas cresceu como liberto na fazenda do padre, convivendo diariamente com os maus-tratos e castigos a que eram submetidos os escravizados.

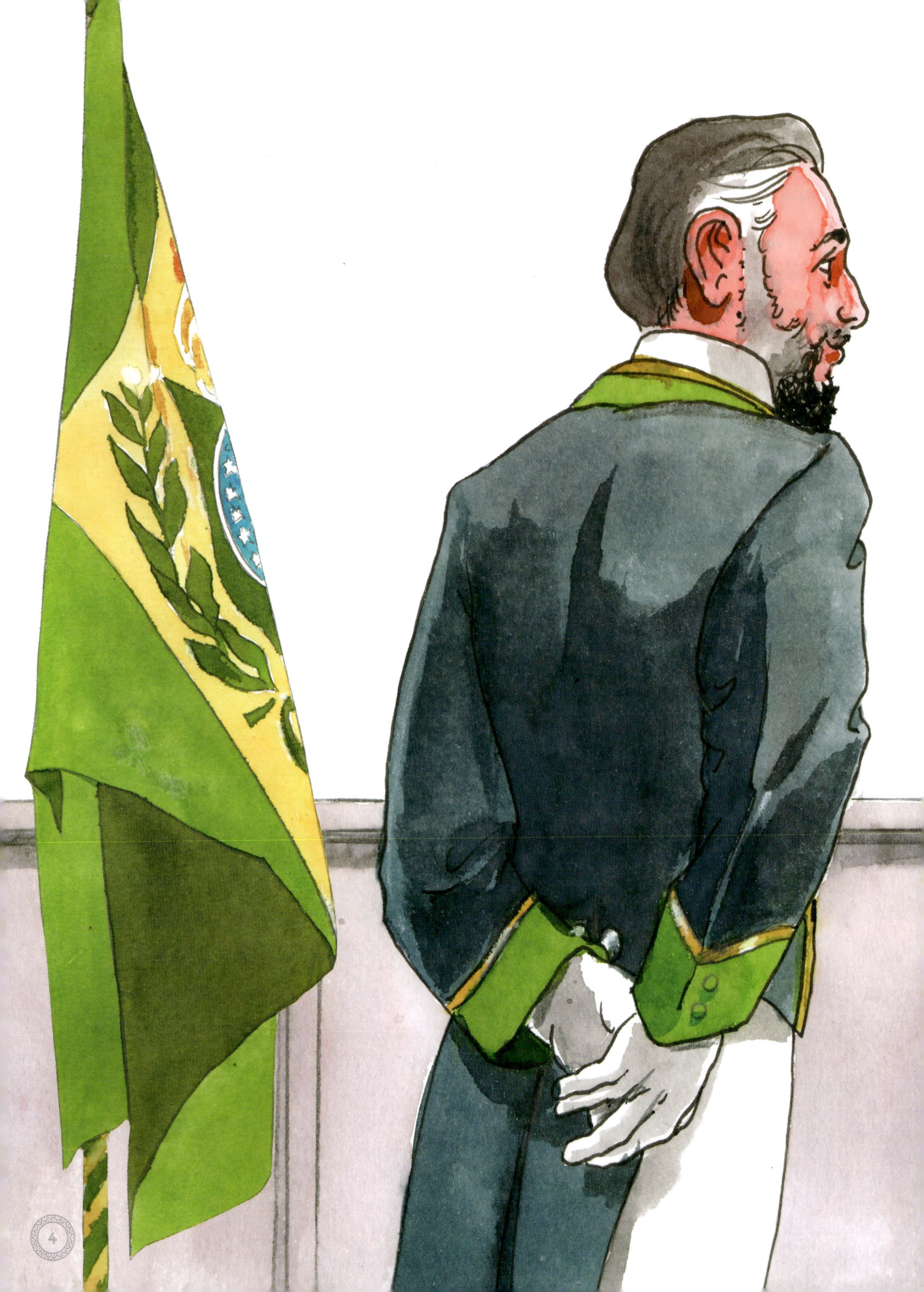

Naquele tempo, o mundo inteiro se movimentava para acabar com a escravidão. Países vizinhos já haviam concretizado seu projeto abolicionista. Por outro lado, o Brasil insistia em manter o tráfico de pessoas negras para servirem aos senhores brancos como propriedade e mão de obra.

O país vivia uma crise política. A elite conservadora, que dominava a economia com a produção de café, estava insatisfeita com as iniciativas para libertar os escravizados. E o imperador D. Pedro II, que governava o país desde 1840, já não conseguia manter a estabilidade do poder.

Pouco antes de completar 15 anos, em 1868, Zeca, como José do Patrocínio era chamado pela família, pediu permissão ao pai para se mudar para o Rio de Janeiro.

Na capital do Brasil Império, o jovem, tão inexperiente quanto dedicado, conseguiu emprego como aprendiz de farmácia da Santa Casa. Algum tempo depois, trabalhou na Casa de Saúde do Dr. Batista dos Santos.

Já não recebia mais auxílio financeiro do pai, e foi com o custeio do Dr. João Pedro de Aquino que conseguiu estudar e se formar farmacêutico. O jovem sabia que o estudo mudaria a sua vida.

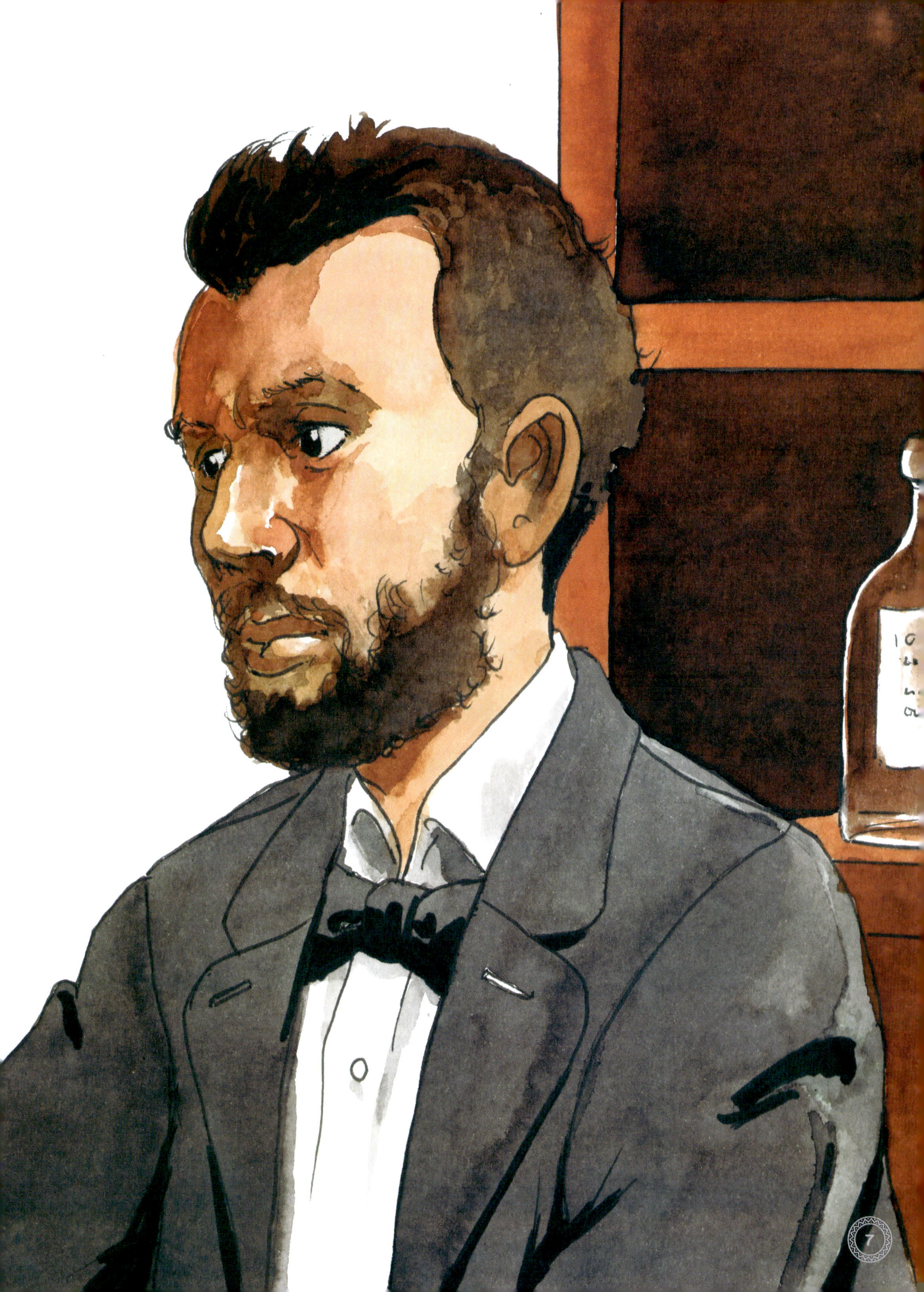

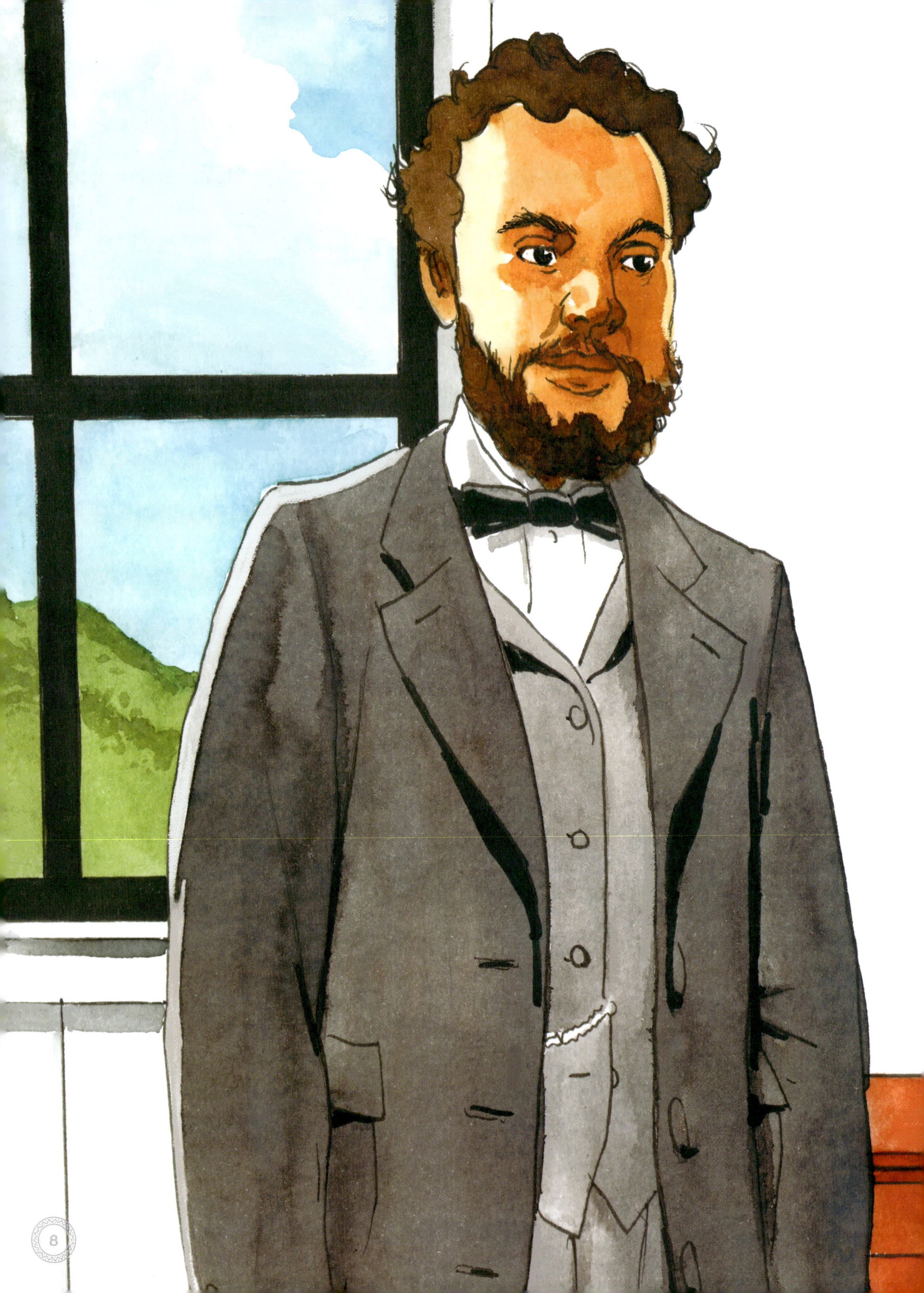

Patrocínio era uma figura carismática e não lhe faltavam amigos. Durante os estudos, o colega Sebastião Catão Calado proporcionou a ele casa e comida de graça. Quando formado, foi o colega João Rodrigues Vila Nova e sua família que lhe ofereceram casa e emprego.

O Capitão Emiliano Rosa Sena, padrasto de João, e sua esposa, D. Maria Henriqueta, propuseram a Patrocínio que permanecesse morando com eles como professor de seus filhos: Bibi, Nenê, Sinhá, Tengo e Cévola.

Na casa da família Sena, ocorriam os encontros do Clube Republicano, em que intelectuais discutiam as grandes questões do país, dentre elas a abolição.

As aulas de Patrocínio eram encantadoras e despertavam nos alunos o interesse pela leitura, em especial na jovem Henriqueta, a Bibi. Não demorou para que ela e o professor se apaixonassem.

O Capitão Sena era contra a união de Bibi e Patrocínio. Os dois tinham 10 anos de diferença, e, além disso, o Capitão não queria que a filha se casasse com um homem negro. Mas D. Maria Henriqueta apoiava os sentimentos da filha. Não restou ao pai outra escolha, e ele cedeu aos encantos de Patrocínio e aceitou o namoro dos dois.

Eles se casaram em 15 de janeiro de 1881 e tiveram cinco filhos: Marieta e Maina, que morreram ainda pequenas, Timon, que faleceu ao nascer, Maceu e Zeca.

Desde que deixou a casa da família Sena e o trabalho de professor, Zé Pato, como Patrocínio era chamado pelos amigos, passou a se dedicar à carreira jornalística.

Com o amigo Demerval da Fonseca, criou uma publicação chamada *Os ferrões*. O folheto lançava "ferroadas" na sociedade imperial. Patrocínio via na causa da abolição a grande causa do Brasil.

Em 1877, ele estreou na *Gazeta de Notícias*. Patrocínio começou com poemas, mas logo passou a escrever sobre política. Escrevia sem se preocupar com qualquer crítica: "A escravidão é um roubo. Todo dono de escravo é ladrão". Ele procurava a todo custo tornar o imperador sensível à realidade desumana dos escravizados e daqueles que passavam fome longe do palácio imperial.

Quatro anos mais tarde, com a ajuda do sogro, Patrocínio comprou a *Gazeta da Tarde*, jornal que defendia o fim da escravidão. Escritor brilhante, mesmo sofrendo com o preconceito por ser negro, ele falava de igual para igual com a elite branca, denunciando suas injustiças.

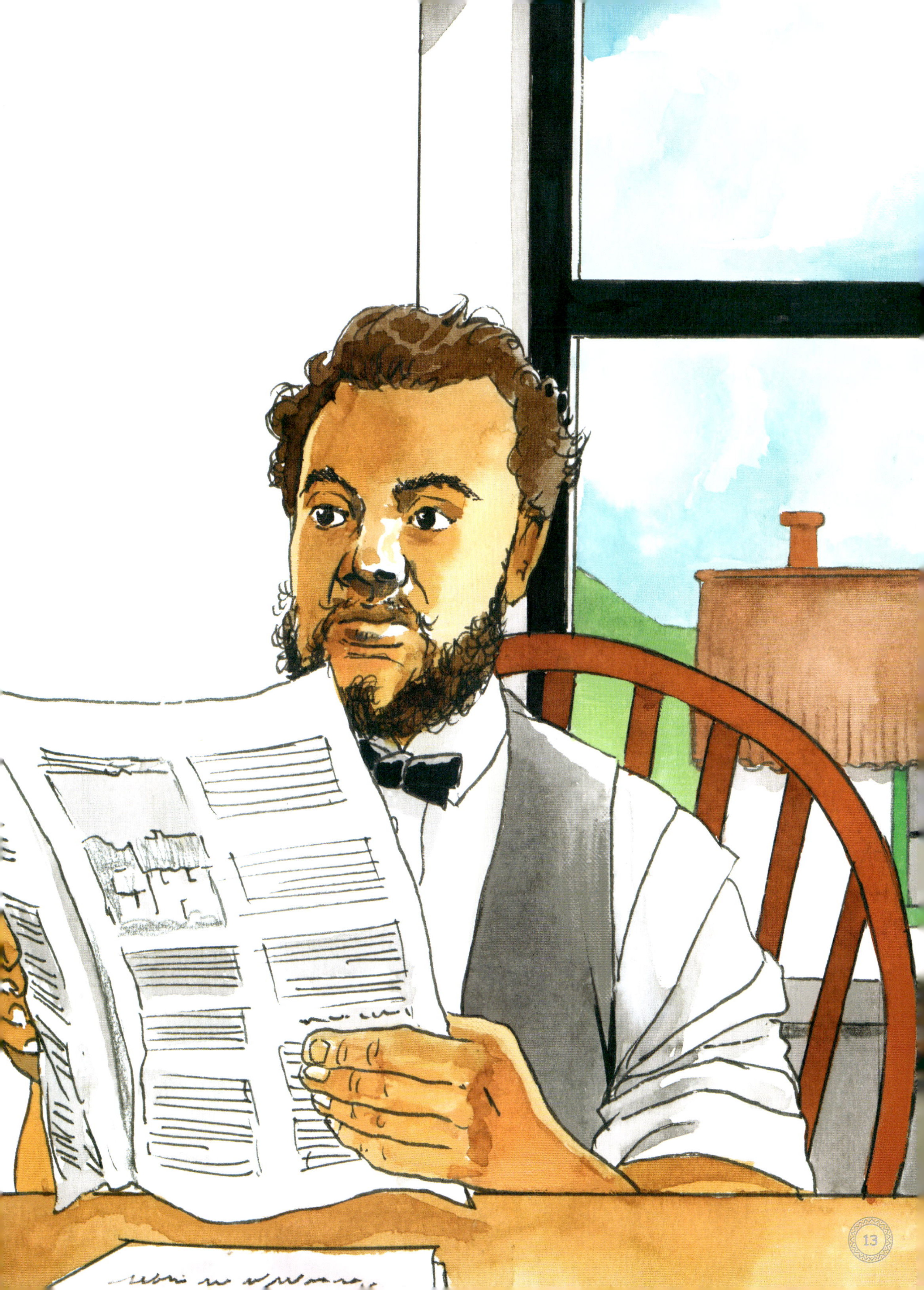

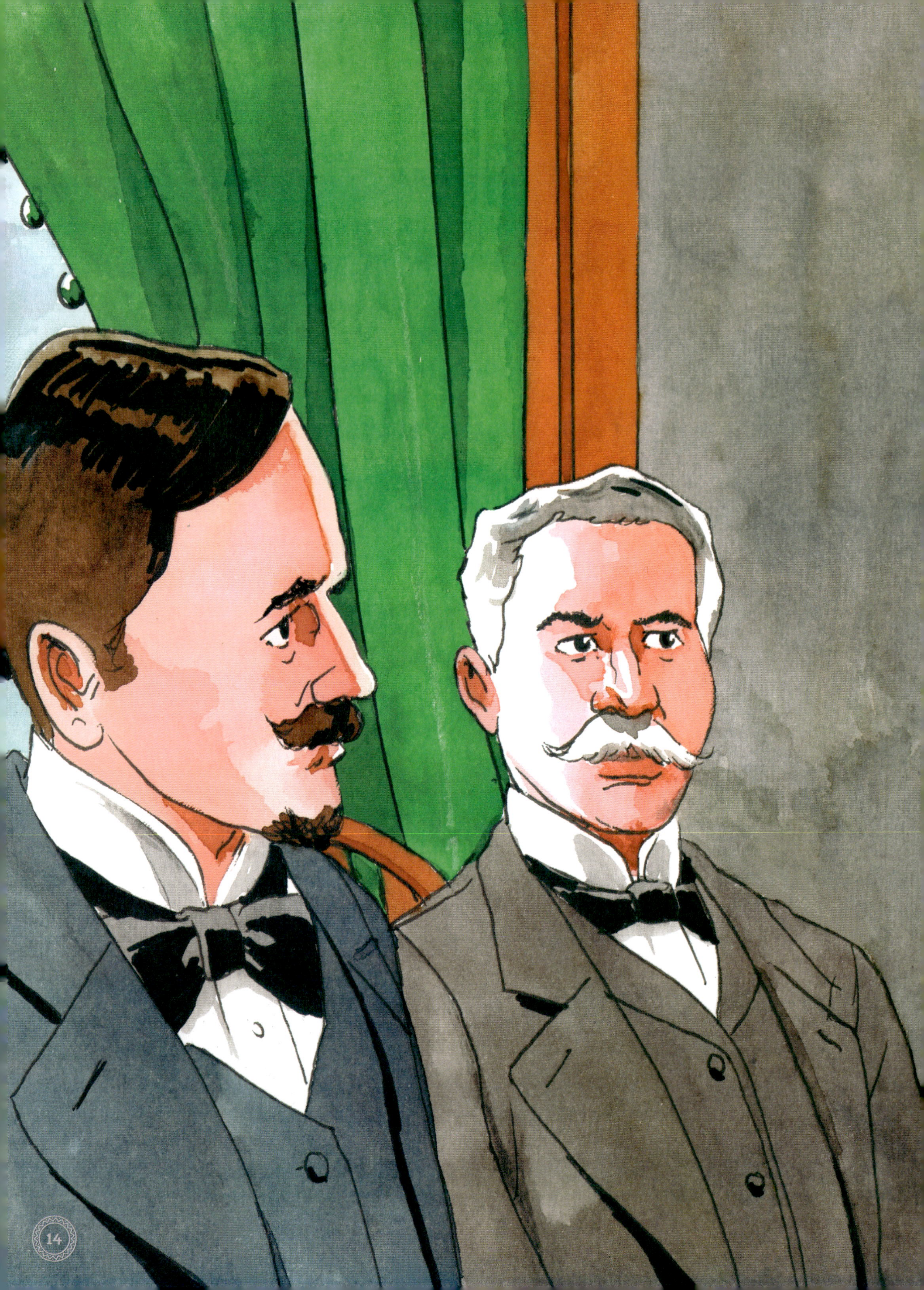

A luta pela abolição fervilhava em todo o país. Além de escrever artigos para o jornal, Patrocínio era também palestrante. As conferências de que participava atraíam multidões em teatros de diversas cidades brasileiras e até na Europa.

Na década de 1880, a Confederação Abolicionista foi responsável pela libertação de muitos escravizados. Em 1886, iniciou-se a campanha para que Patrocínio fosse eleito vereador da Câmara Municipal do Rio de Janeiro. O deputado pernambucano Joaquim Nabuco defendeu sua candidatura, e Patrocínio foi eleito o quarto vereador da corte.

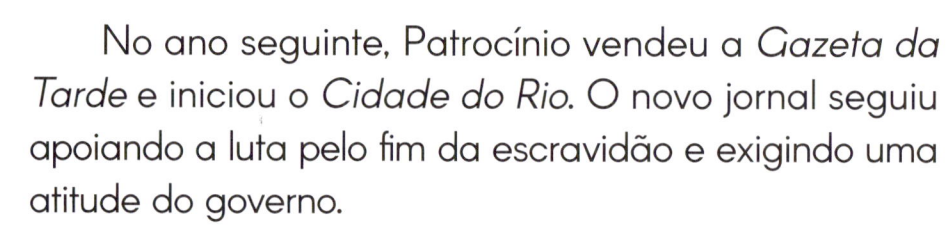

No ano seguinte, Patrocínio vendeu a *Gazeta da Tarde* e iniciou o *Cidade do Rio*. O novo jornal seguiu apoiando a luta pelo fim da escravidão e exigindo uma atitude do governo.

Dom Pedro II já não tinha boa saúde e constantemente se ausentava do trono para se tratar na Europa, deixando sua herdeira, a princesa Isabel, como regente.

Apesar da neutralidade do imperador, Patrocínio percebeu que a família imperial começava a se posicionar a favor da abolição. O jornalista sabia que, com o apoio da princesa, a vitória estava próxima.

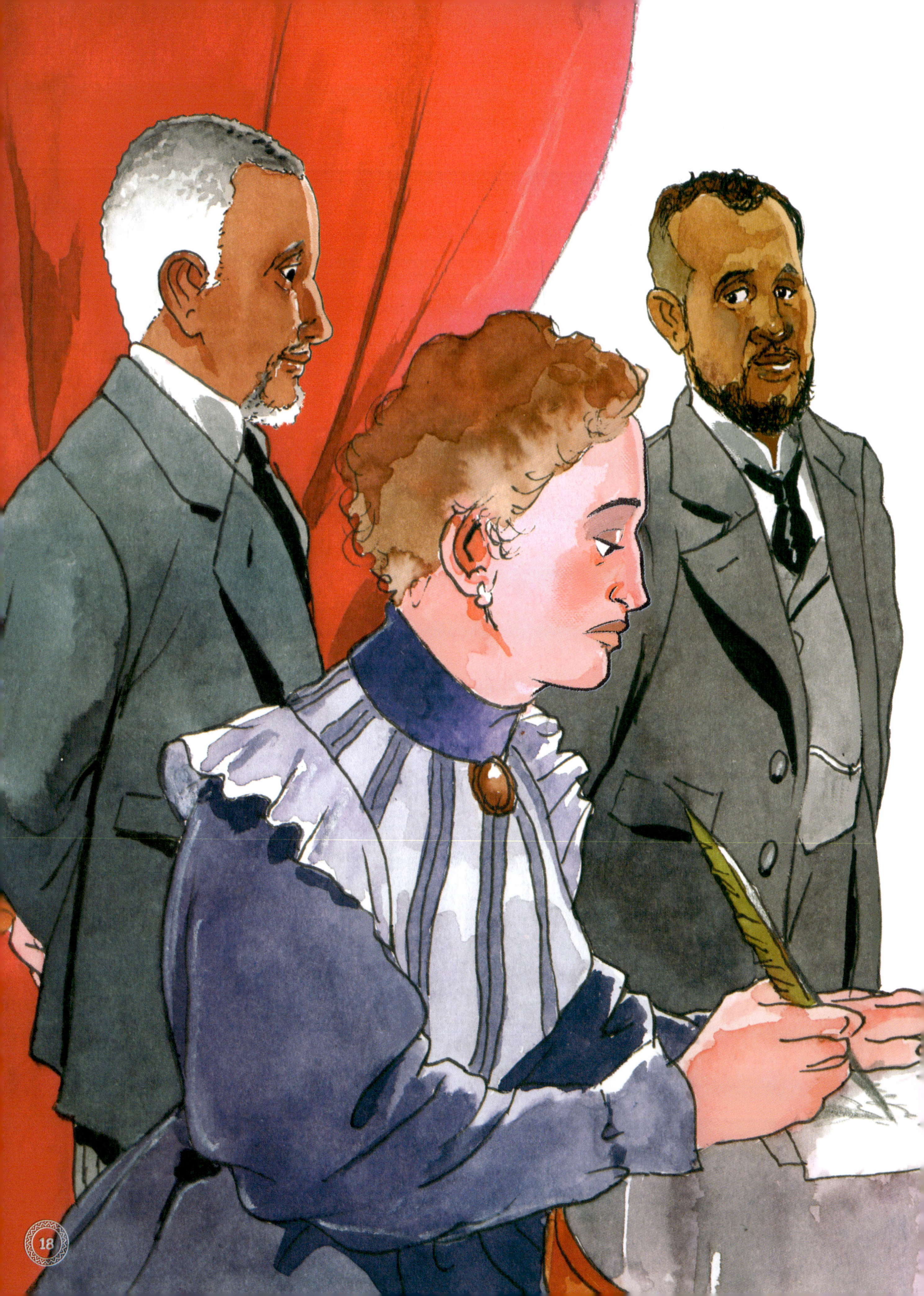

A escravidão vinha sendo combatida por meio de leis que não funcionavam na prática. A Lei Eusébio de Queirós (1850) proibiu a venda de escravizados da África para o Brasil, mas o comércio ilegal continuava com essa barbárie. A Lei do Ventre Livre (1871) tornou livres os filhos de escravizadas nascidos a partir daquela data, mas isso não aconteceu, pois os filhos deveriam permanecer sob a tutela dos senhores até os 21 anos de idade. A Lei dos Sexagenários (1885) dava aos escravizados com 60 anos o direito de comprar sua liberdade trabalhando até os 65 anos, numa época em que muitos não passavam dos 40 anos. Era preciso fazer algo efetivo!

Então, em 13 de maio de 1888, considerando as revoltas dos escravizados e toda a luta dos abolicionistas, a princesa Isabel assinou a Lei Áurea decretando o fim da escravidão.

Patrocínio, Joaquim Nabuco, André Rebouças e outros guerreiros da abolição estavam presentes e comemoraram com lágrimas e abraços esse momento inesquecível. As celebrações tomaram todo o país.

Chamado de "Tigre da Abolição", Patrocínio, com André Rebouças e outros apoiadores, fazia planos para que os ex-escravizados fossem inseridos na sociedade. Educação e terras para a produção do próprio sustento eram o início de um sonho que jamais viria a se concretizar.

Mal tiveram tempo de festejar a conquista da abolição, e as ameaças dos senhores que exigiam uma indenização pela perda de sua "propriedade" tomavam as ruas.

Mesmo admirando a princesa e sua coragem de colocar em risco o seu futuro reinado, Patrocínio sabia que a monarquia era um modelo de governo ultrapassado.

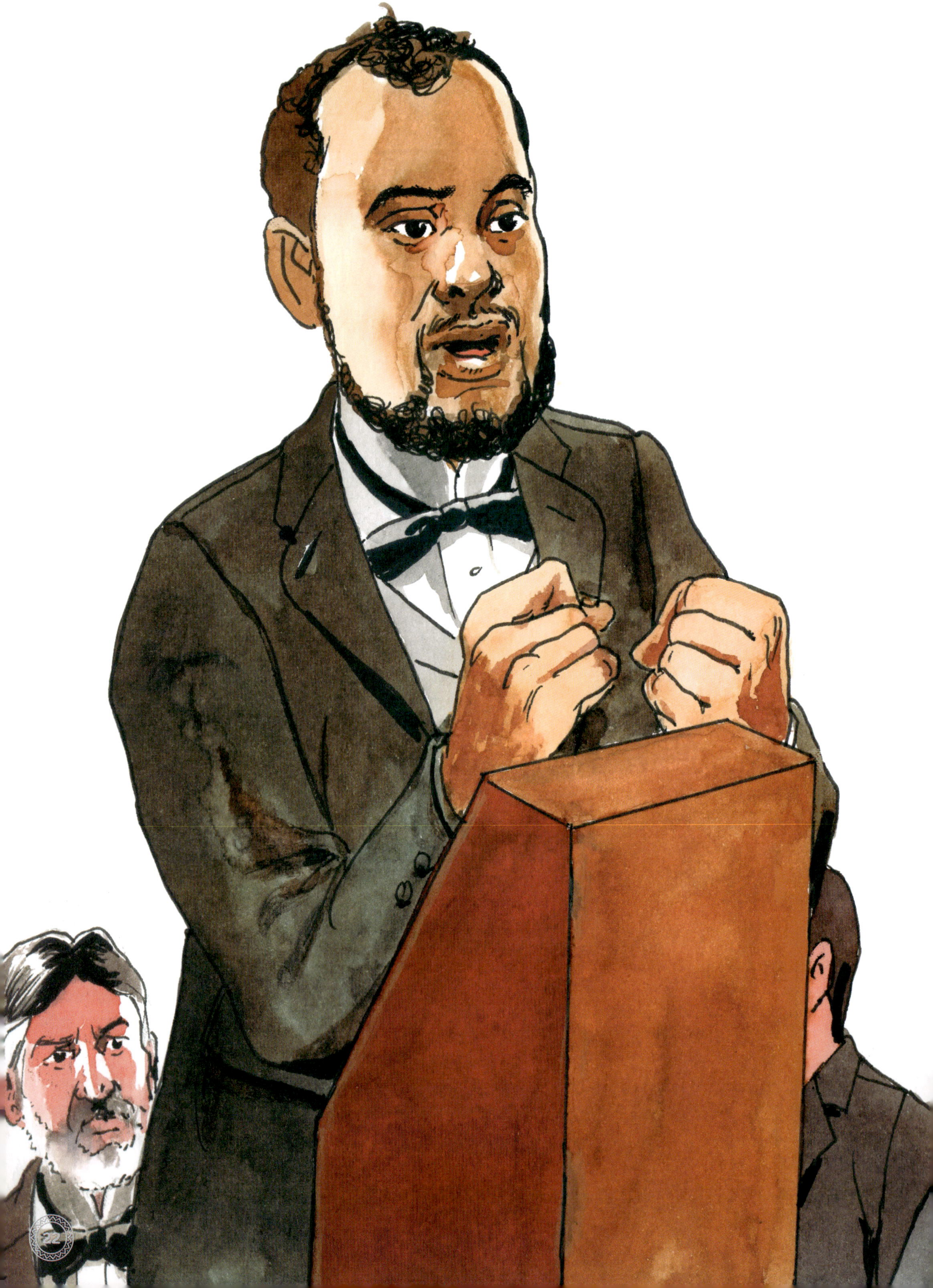

Em 15 de novembro 1889, o Marechal Deodoro da Fonseca anunciou a destituição do Imperador. Para assegurar a República, Patrocínio organizou um grande movimento popular que invadiu a Câmara Municipal e proclamou oficialmente o novo regime. Em seguida, ele renunciou ao seu mandato de vereador.

Não demorou para que o jornalista se mostrasse decepcionado com a República. Aqueles que ocupavam o poder excluíam a maior parte da população brasileira, favorecendo a elite. Patrocínio e sua família viajaram para a Europa, onde ficaram por mais de um ano.

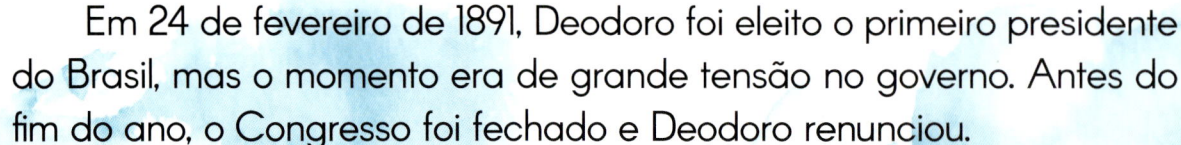

Em 24 de fevereiro de 1891, Deodoro foi eleito o primeiro presidente do Brasil, mas o momento era de grande tensão no governo. Antes do fim do ano, o Congresso foi fechado e Deodoro renunciou.

Quando retornou ao Brasil, Patrocínio se surpreendeu. O novo presidente, Floriano Peixoto, comandava o país sem diálogo e com mão de ferro. Patrocínio, o poeta Olavo Bilac e outros que se atreveram a criticar Floriano foram presos e acusados de crime de conspiração. Patrocínio foi enviado para a Amazônia, onde permaneceu por cinco meses. Quando voltou ao Rio de Janeiro, continuou sendo perseguido pelo governo.

Apenas em 1894, com a eleição de Prudente de Morais, advogado e primeiro presidente civil do Brasil, José do Patrocínio pôde deixar seu esconderijo e reabrir o jornal *Cidade do Rio*.

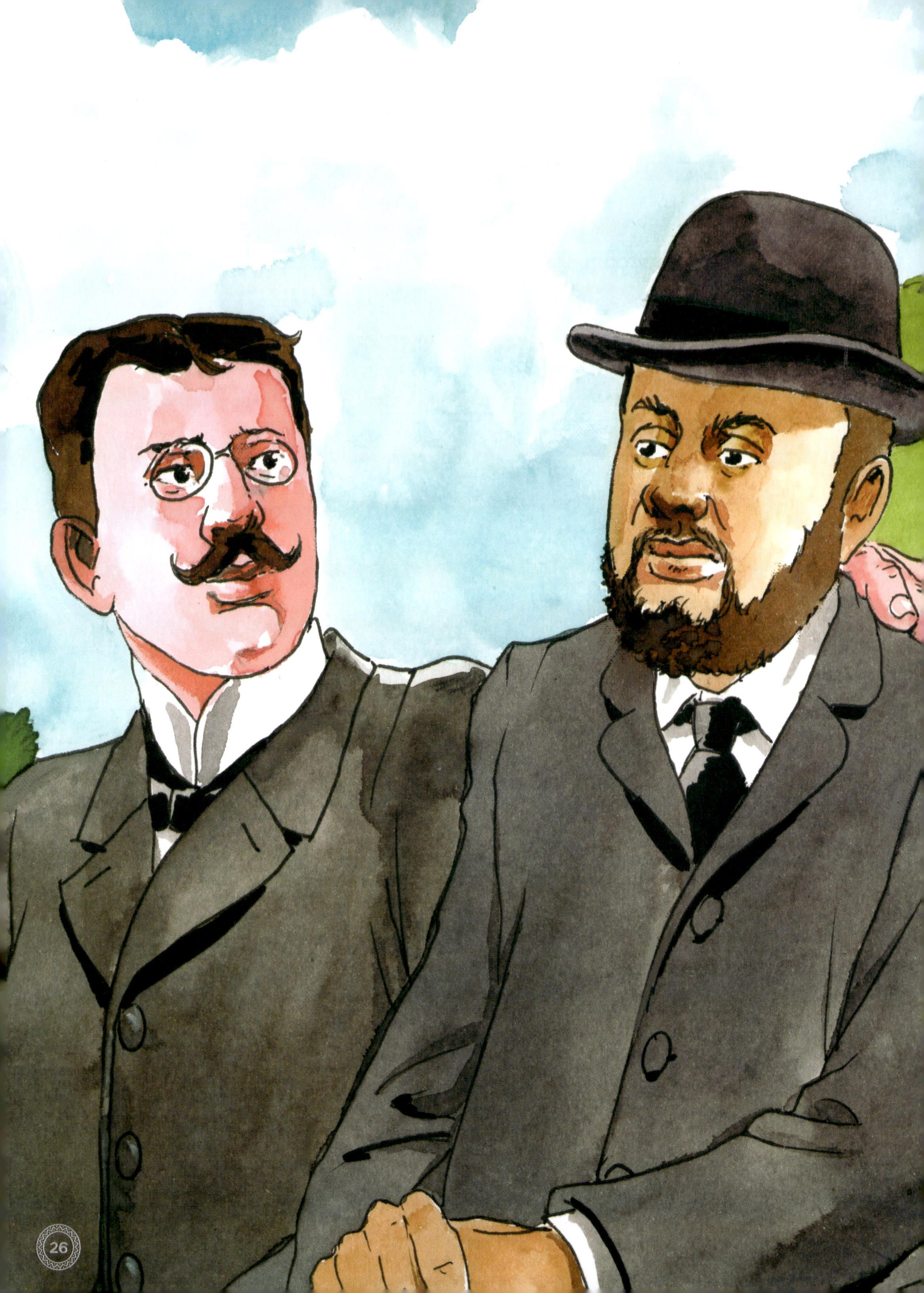

Arrojado, um verdadeiro empreendedor, Patrocínio trouxe de Paris um automóvel, o primeiro a circular no Brasil. Todos ficaram escandalizados com aquela máquina.

Oito dias depois de sua chegada, Patrocínio e o mais recente poeta-motorista, Olavo Bilac, acompanhados de um barulho ensurdecedor e de fumaça suficiente para sufocar todos que passavam por ali, voaram a três quilômetros por hora, quando perderam o controle e beijaram as árvores da Rua da Passagem. Foi o primeiro acidente de carro do Brasil.

Em 1897, Patrocínio participou da fundação da Academia Brasileira de Letras. Machado de Assis, seu amigo, foi eleito presidente. Romancista, poeta e jornalista com muitos artigos publicados, Patrocínio foi o primeiro ocupante da cadeira 21.

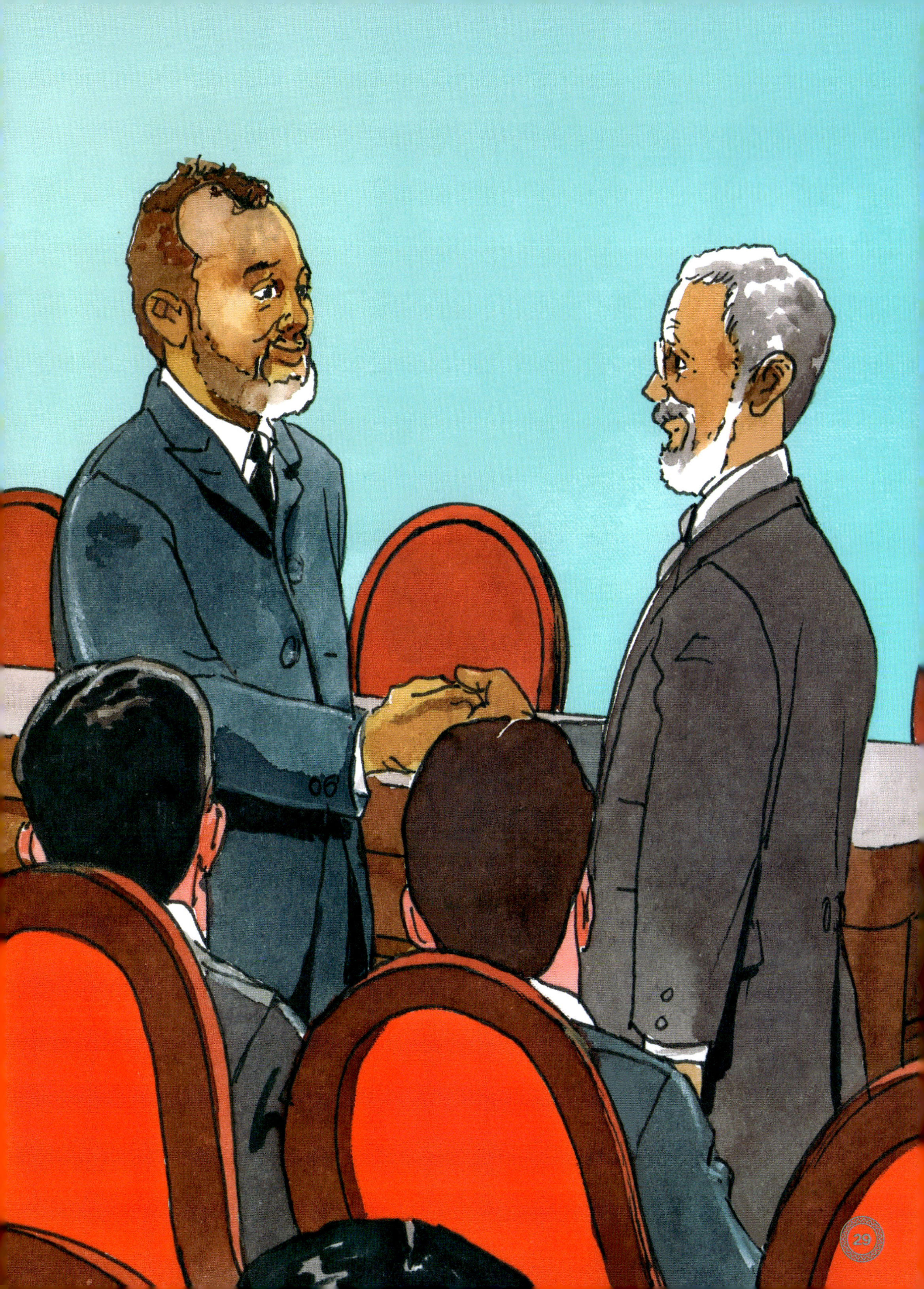

Fascinado pelo sonho de voar, o jornalista resolveu construir um dirigível chamado Santa Cruz. Ele poderia ter sido o pioneiro da aviação não fosse o amigo Santos Dumont ter contornado a Torre Eiffel em outro balão.

Em 1903, um temporal fechou as portas do jornal *Cidade do Rio*. Acumulando dívidas, Patrocínio se mudou para o subúrbio e continuou como colunista de jornais.

Durante uma homenagem a Santos Dumont, Patrocínio encantava a plateia com seu discurso, quando foi interrompido por uma crise de tuberculose. Mais tarde, a doença o levaria a falecer, aos 51 anos, em 29 de janeiro de 1905.

Uma grande multidão foi ao seu velório prestar-lhe uma última homenagem. O Presidente da República Rodrigues Alves, o embaixador Joaquim Nabuco, Olavo Bilac, Machado de Assis e muitas outras personalidades fizeram questão de reconhecer esse intelectual negro que via além de seu tempo e que fez do ideal de liberdade, igualdade e justiça a sua vida.

Por admiração ao seu trabalho, no dia 29 de janeiro é comemorado o Dia do Jornalista.

Querido leitor,

A editora MOSTARDA é a concretização de um sonho. Fazemos parte da segunda geração de uma família dedicada aos livros. A escolha do nome da editora tem origem no que a semente da mostarda representa: é a menor semente da cadeia dos grãos, mas se transforma na maior de todas as hortaliças. Nossa meta é fazer da editora uma grande e importante difusora do livro, transformando a leitura em um instrumento de mudança na vida das pessoas, desconstruindo barreiras e preconceitos. Entre os principais temas abordados nas obras estão: inclusão, diversidade, acessibilidade, educação e empatia. Acreditamos que o conhecimento é capaz de abrir as portas do pensamento rumo a uma sociedade mais justa. Assim, nossos valores estão ligados à ética, ao respeito e à honestidade com todos que estão envolvidos na produção dos livros e com os nossos leitores. Vamos juntos regar essa semente?

Pedro Mezette
CEO Founder
Editora Mostarda

EDITORA MOSTARDA
www.editoramostarda.com.br
Instagram: @editoramostarda

Mario Aranha, 2022

Direção:	Pedro Mezette
Coordenação:	Andressa Maltese
Produção:	A&A Studio de Criação
Revisão:	Beatriz Novaes
	Elisandra Pereira
	Marcelo Montoza
	Mateus Bertole
	Nilce Bechara
Diagramação:	Ione Santana
Ilustração:	Aline Terranova
	Anderson Santana
	Bárbara Ziviani
	Eduardo Vetillo
	Felipe Bueno
	Henrique HEO
	Henrique Pereira
	Jefferson Costa
	Kako Rodrigues
	Leonardo Malavazzi

Dados Internacionais de Catalogação na Publicação (CIP)
(Câmara Brasileira do Livro, SP, Brasil)

Aranha, Mario
    Patrocínio : José do Patrocínio / Mario Aranha. -- 1. ed. -- Campinas, SP : Editora Mostarda, 2022.

    ISBN 978-65-88183-80-9

    1. Abolicionistas - Biografia - Brasil - Literatura infantojuvenil 2. Brasil - História - Abolição da escravidão 3. Patrocínio, José do, 1853-1905 I. Título.

22-115260   CDD-028.5

Índices para catálogo sistemático:

1. Biografia : Literatura infantil   028.5
2. Biografia : Literatura infantojuvenil   028.5

Eliete Marques da Silva - Bibliotecária - CRB-8/9380

Nota: Os profissionais que trabalharam neste livro pesquisaram e compararam diversas fontes numa tentativa de retratar os fatos como eles aconteceram na vida real. Ainda assim, trata-se de uma versão adaptada para o público infantojuvenil que se atém aos eventos e personagens principais.